Karin Pfeiffer

Die Hexe Furufara

Heiteres Spiel
für Schulfeste und Feiern

LENDERSDORFER TRAUMFABRIK

Edition
Lendersdorfer Traumfabrik

STOLZ

Ein paar Sätze zuvor ...

Dieses kleine Theaterstück ist heiter und voller Aktion. Spieler und Zuschauer werden ihren Spaß haben, wenn einige grundlegende Voraussetzungen erfüllt sind. Dazu die folgenden Hinweise.

Kulissen und Kostüme
Die Ausstattung der Bühne braucht nicht üppig zu sein: ein paar Pappbäume, ein Straßenschild für die erste und letzte Szene, ein paar Tische und Stühle für die restlichen Szenen, ausstaffiert mit Gegenständen, die sich in jedem normalen Haushalt finden. Einiges, zum Beispiel ein Straßenschild und die Bäume, können im Kunst- und Werkunterricht hergestellt werden. Kleider für die Boutique, Garderoben- oder Kleiderständer, Inventar für das Trucker-Restaurant werden von zu Hause mitgebracht. Wer das Bühnenbild üppiger gestalten will, darf sich ruhig austoben. Dem Ambiente tut das gut.
Besonderer Wert sollte auf die Kostümierung der Hexe Furufara gelegt werden. Lassen Sie Ihrer Fantasie freien Lauf.

Requisiten
Bäcker und Arzt fahren im PKW vor. Das Auto kann durch Pantomime dargestellt werden. Oder wir basteln eine Silhouette aus Pappe oder Styropor mit einem Griff. Die Autoattrappe kann dann wie ein Schild, seitlich vor den Körper gehalten, über die Bühne „rollen".
Der Elefant wird von mehreren Kindern nachgebildet. Sie verbergen sich unter einer großen grauen Decke, die einen Elefantenkopf mit großen Ohren, einem Rüssel und Stoßzähnen trägt. Ebenso effektvoll, wenn nicht beeindruckender, ist eine Attrappe, die ähnlich wie das Auto hergestellt wird.

Rollenbesetzung
Diese muss sorgfältig überlegt sein. Eine Fehlbesetzung der Hauptrollen wäre nachteilig, denn das Stück lebt vor allem vom schauspielerischen Geschick der beiden Kinder und der Hexe. Die Texte sind teilweise umfangreich, den erforderlichen Übungsfleiß dürfen die Spieler nicht scheuen. Lautes und artikuliertes Sprechen ist sehr wichtig, das kann nicht oft genug betont werden. Wie viele Laienaufführungen, vom Kern her gut, scheitern daran, dass die Zuschauer nur mit Mühe verstehen können, was oben auf der Bühne gesprochen wird! Denken Sie während der gesamten Probezeit daran, immer wieder zu lautem Sprechen aufzufordern. Setzen Sie sich in die entfernteste Ecke und hören Sie von dort zu. Während der Aufführung entstehen durch das Publikum zusätzliche Geräusche.
Das Stück bietet vielen Schülern die Möglichkeit, kleine Rollen zu übernehmen, das stärkt das Selbstbewusstsein.
Bello, der Hund, wird von einem verkleideten Kind gespielt, welches eine Hundeleine um den Hals trägt. Eine Hundemaske ist nicht unbedingt nötig, das Hundegesicht kann auch mit Schminke dargestellt werden.

Licht
Ein Glücksfall, wenn Sie Ihre Bühne mit verschiedenen Beleuchtungskörpern illuminieren können. Sie sollten davon Gebrauch machen. Besonders bei den Zauberszenen und am Schluss kann ein heftiges Blitzgewitter die Zuschauer nachhaltig beeindrucken.

Musik
Zwischen den einzelnen Szenen kann Musik eingespielt werden. Zu den Versen lassen sich einfache Melodien erfinden.

Das Ende des Stücks geht in tumultartigem Krach unter, den der Elefant verursacht. Natürlich können Sie auch einen anderen Schluss erfinden, wie ich Sie generell dazu einlade, die Szenen fantasiereich abzuändern und ihrer individuellen Schulsituation anzupassen.
Noch ein Tipp zum Schluss: Achten Sie darauf, dass die Schauspieler nie mit dem Rücken zum Publikum stehen, wenn sie sprechen! Auch beim Theater sind Sitzordnungen auf der Bühne stets zum Publikum hin offen. Besonders wichtig ist das bei der Schulszene und im Trucker-Restaurant.

Spielzeit: etwa 45 Minuten

Und jetzt: Vorhang auf und viel Spaß bei Proben und Aufführung!

Karin Pfeiffer

PERSONEN

Tanja
Benjamin
Hexe Furufara
Polizist
Bello (Hund)
Bäcker
Postbotin
Arzt
1. Kundin
2. Kundin
3. Kundin
Hühnerkluft (Chef der Boutique)
Trucker
Bedienung (in Trucker-Restaurant)
Benjamins Vater
Tanjas Mutter
Tante Emmi
Arbeiter
Schuster
Bauer
Frau Becher-Freudemann (Lehrerin)
Herr Winkelberger (Lehrer)

1. Akt

1. Szene

Eine mit Bäumen bestandene Straße in der Stadt. Zwei Kinder schlendern mit den Schulranzen auf dem Rücken dahin. Die Lustlosigkeit steht ihnen ins Gesicht geschrieben. Plötzlich stampft das Mädchen wütend mit dem Fuß auf und bleibt mitten auf der Bühne stehen.

Benjamin Was ist denn?

Tanja brummt unwillig, wirft trotzig den Kopf zurück, stampft noch einmal auf, murrt dazu

Benjamin Tanja, was hast du? Sag schon!

Tanja Mist, alles Mist. Ich habe genug. Ich mag nicht mehr!

Benjamin Was magst du nicht mehr?

Tanja Die blöde Schule. Ich mag nicht mehr zur Schule.

Die Kinder stehen beide in der Bühnenmitte. Sie sind unschlüssig.

Benjamin Heute schreiben wir in der zweiten Stunde eine Mathearbeit. Am liebsten würde ich ...

Tanja Was?

Benjamin Ich würde am liebsten – *(stockt)*

Tanja Na, spuck's schon aus!

Benjamin Mich kotzt der Laden genauso an wie dich.

Tanja Mathearbeiten, Diktate, Deutschaufsätze – he, Benjamin, *(beugt sich zu Benjamin, schaut ihm ins Gesicht)* was hast du da? Was ist das? *(greift ihm an den Hals)*

Benjamin *(wehrt sich)* Lass das. Das ist m e i n Hals!

Tanja Wie oft wäschst du den eigentlich so?

Benjamin *(wütend)* Was geht dich das an! Ich denke, wir reden gerade über was viel Wichtigeres.

Tanja Ach ja, über die Schule. Mathearbeiten. Deutscharbeiten. Gedichte lernen, still sitzen, abschreiben –

Benjamin – und vor allem immer diese blöden –

Die Kinder schauen einander an, grinsend.

Tanja Diese blöden –

Tanja und Benjamin
(laut, werfen dabei die Arme gestikulierend in die Luft) Hausaufgaben!

Tanja nimmt den Ranzen vom Rücken, legt ihn hin und setzt sich drauf. Sie stützt griesgrämig das Gesicht in die Hände.

Tanja Diese blöden Hausaufgaben!

Benjamin Am Montag Hausaufgaben.

Tanja Am Dienstag Hausaufgaben.

Benjamin Am Mittwoch Hausaufgaben.

Tanja Am Donnerstag Hausaufgaben.

Benjamin Am Freitag Hausaufgaben.

Tanja und Benjamin
(fassen sich an den Kopf) Die Hausaufgaben bringen uns noch um!

Eine Weile schweigen die Kinder. Benjamin schaut auf seine Schuhspitzen. Tanja stützt den Kopf in die Hände und schmollt.

Tanja Und dann sagt Frau Becher-Freudemann immer *(springt auf und stellt sich in Lehrerpositur, spricht übertrieben affektiert)* Meine lieben Kinder! Genießt die Schulzeit! Sie ist ja sooooo schööööön .... Ihr wisst ja gar nicht, wie guuuuuut ihr es habt! So guuuuuuuut! Seid erst mal erwachsen *(seufzt)*, dann sehnt ihr euch zurück nach der Schulzeit, so wahr wie ich Becher-Freudemann heiße! Dann wisst ihr erst, was ihr gehabt habt! Wie gern würde ich noch einmal mit euch tauschen *(verdreht die Augen)*. Drum freut euch, Kinder, dass ihr noch zur Schule gehen dürft!

Stolz Verlag Die Hexe Furufara, Best.-Nr. 009

Benjamin *(wird lebendig)* Ja! Genau! Unser Herr Winkelberger redet auch so: *(verstellt seine Stimme)* Was glaubt ihr wohl, was i c h zu tun habe! Berge von Schülerheften müssen korrigiert werden – am Nachmittag, wenn ihr draußen mit dem Fahrrad herumsausen könnt, bereite i c h den Unterricht für den nächsten Tag vor. Und in den Ferien, wenn ihr euch im Schwimmbad die Sonne auf die Bäuche brennen lasst, lese ich Lehrpläne und dicke Bücher über Päda – Päda –

Tanja Pädagogik.

Benjamin Und all das, damit i h r in der Schule mehr Spaß habt und viel lernt. Ach, wie gern würde ich mit euch tauschen! Ihr wisst ja gar nicht, wie gut ihr es habt!

Tanja *(springt erregt auf)* Du solltest mal meine Mutter reden hören, Benschi!

Benjamin *(unwillig)* Ich heiße Benjamin.

Tanja Ich weiß. Benjamin mit dem schmutzigen Hals.

Benjamin droht Tanja.

Tanja Also, Du solltest mal meine Mutter hören, Benjamin! *(verstellt ihre Stimme)* Kind! Kind! Versündige dich nicht! Die Schulzeit ist die schöööönste Zeit im Leben! Ach du Dummerchen, du weißt ja gar nicht, wie gut du es hast! Ich wünschte, ich könnte mit dir tauschen!

Die Kinder stehen auf der Bühne einander mit leicht gegrätschten Beinen gegenüber, sie steigern sich im Erzählen und in den Vorwürfen, die sie den Erwachsenen wegen ihrer Aussprüche machen.

Benjamin Und erst mein Vater, Tanja! Höre mal meinen Vater! *(verstellt seine Stimme)* Als ich noch so jung war wie du, hab ich die Schulzeit genossen, ja genossen! Ich wusste damals schon, dass es die Erwachsenen viel schwerer haben. Benjamin, das solltest auch du einsehen! Wenn ich mit dir tauschen könnte, sofort würde ich es tun!

Tanja Meine Tante Emmi: *(mit verstellter Stimme)* Kind! Kind! Ich bin eine exzellente Schülerin gewesen und sehr gern in die Schule gegangen. Leider musste ich sehr früh Geld verdienen, weil mein Vater im Krieg gefallen ist. Ich wäre noch so gern auf der Schule geblieben! Und du beklagst dich immer. Tanja, du bist ein dummes Mädchen! Du weißt ja gar nicht, wie gut du es hast!

2. Szene

Die Kinder sitzen inzwischen verdrossen auf ihren Schulranzen am Straßenrand und schweigen. Rechts steht deutlich sichtbar ein Parkverbotschild. Ein Polizist in Begleitung eines Hundes betritt die Bühne. Er ist auf Kontrollgang und entdeckt die Kinder.

Polizist *(zum Hund)* Sitz! *(zu den Kindern)* He, ihr beiden! Schaut mal da hinüber!

Die Kinder heben die Köpfe und schauen in die Richtung, die der Polizist anzeigt. Danach verfallen sie wieder in ihre Trägheit.

Polizist *(ungeduldig)* Schaut doch! Was seht ihr da?

Benjamin *(murrt)* Ein Schild.

Polizist Und was bedeutet es?

Tanja *(unwillig)* Parkverbot.

Polizist Richtig! Ihr sitzt im Parkverbot. Das gibt eine Knolle. *(zieht einen Block aus der Hosentasche – der Hund will aufstehen)* Sitz!

Tanja und Benjamin
(gemeinsam) Wie?

Polizist Kennzeichen?

Tanja und Benjamin
Was?

Polizist *(lässt plötzlich den Block sinken, schaut die Kinder erstaunt an, während sich der Hund schon wieder erheben will – zum Hund, scharf)* Sitz, Bello! *(zu den Kindern)* Sagt mal, müsstet ihr nicht – *(schaut auf seine Armbanduhr)* – längst in der Schule sein?

Benjamin Ach herrje, die blöde Schule!

Tanja Erinnern Sie uns bloß nicht an die Schule!

Polizist *(steckt den Block und den Stift wieder weg)* Jetzt hört euch das an! Seid ihr noch gescheit? Ihr müsstet froh sein, dass ihr zur Schule gehen d ü r f t !

Tanja Die alte Leier! *(schaut Benjamin vielsagend an)*

Benjamin *(seufzt)* Die alte Leier!

Polizist Was wisst ihr denn schon vom Leben, Kinder! *(Bello will wieder aufstehen)* Sitz, Bello! Zum Beispiel mein Beruf. Bei jedem Wetter muss ich hier im Viertel nach dem Rechten sehen, während ihr im warmen Klassenzimmer sitzt und schöne bunte Bücher lesen dürft *(seufzt)*. Ach, Ich wünschte, ich könnte noch einmal in meinem Leben ... *(Bello ist aufgestanden)* Sitz! Bello, sitz! – ... einmal noch in meinem Leben – zur Schule gehen!

Die Kinder tauschen vielsagende Blicke.

Polizist *(zum Hund)* Fuß, Bello!

Der Polizist wendet sich zum Gehen, Bello folgt bei Fuß. Im Gehen dreht sich der Polizist noch einmal um.

Polizist Ihr wisst ja gar nicht, wie gut ihr es habt!

Als beide fast von der Bühne verschwunden sind, dreht sich auch Bello noch einmal um und spricht die Kinder an.

Bello Und wenn ihr vielleicht meint, i c h hätte es gut, weil ich nicht zur Schule brauche, dann täuscht ihr euch. Den ganzen Tag höre ich: Sitz, Bello! Bello sitz! Fuß, Bello! Bello, Fuß! Sitz! Fuß! Sitz! Platz! Den ganzen Tag.
Wenn ich könnte, würde ich sofort mit euch tauschen! Ihr wisst ja gar nicht, wie gut ihr es habt!

Polizist und Bello ab.

3. Szene

Die Kinder hocken noch immer auf ihren Ranzen. Ein Bäcker kommt mit seinem Lieferwagen (Attrappe aus Karton) heran. Er hält bei den Kindern an.

Bäcker Hallo, ihr beiden! Ein Brötchen? Einen Berliner? Eine Zuckerbrezel? Eine schnuggelig süße Schnecke mit Rosi-

Benjamin *(fällt ihm ins Wort)* Nein, danke. Ich habe schon gefrühstückt.

Tanja Ich auch.

Bäcker Meine Salzstangen und Streuselkuchen sind die besten in der ganzen Stadt!

Tanja Wir haben wirklich keinen Hunger.

Bäcker *(schüttelt verständnislos den Kopf)* Sowas, na sowas. Keinen Hunger, keinen Hunger. Es wird immer schwieriger, etwas zu verkaufen. So viel Arbeit, und in aller Früh auf, ein Leben ist das. *(schaut auf die Armbanduhr)* Aber sagt mal, müsstet ihr nicht längst in der Schule sein?

Benjamin Jetzt fängt der auch damit an!

Tanja Die doofe Schule kann uns mal!

Bäcker Wie? Was? Also –

Benjamin Uns kotzt die Schule an, kapito?

Bäcker Also – wie redest du! Ich glaube, mein Staubsauger bäckt Brötchen! Die Schule! Die schöne, liebe, gute Schule! Wie kann man nur so über die Schule sprechen! Wenn ich doch noch einmal in meinem Leben in die Schule gehen dürfte! Statt dessen stehe ich jeden Morgen in aller Herrgottsfrühe auf, wenn ihr noch im warmen Bett liegt, gehe in meine Backstube und backe Brot und Brötchen und Kuchen, damit ihr was knusprig Frisches auf eurem Frühstückstisch findet! Ihr wisst ja gar nicht, wie gut ihr es habt! Die Schulzeit *(macht eine theatralische Geste)* war die schönste Zeit in meinem Leben.

Tanja Zum Mond könnte man solche Leute schießen, samt Brötchen und Kuchen!

Der Bäcker geht kopfschüttelnd zu seinem Auto zurück und fährt ab.

4. Szene

Die Postbotin kommt mit einer großen Tasche voller Briefe, Zeitungen und Päckchen auf die Bühne. Als sie die Kinder erblickt, hält sie an und schaut in ihrer Tasche nach. Sie blättert Briefe durch und sichtet einige Päckchen.

Postbotin Für euch ist heute leider nichts dabei.

Tanja Wer soll mir denn auch schreiben.

Benjamin Na, Frau Becher-Freudemann zum Beispiel.

Tanja Du spinnst.

Postbotin Sagt mal, was sitzt ihr eigentlich hier herum? Ist eure Schule abgebrannt? Hat sich euer Lehrer das Bein gebrochen? Oder –

Benjamin Quatsch.

Tanja Wir haben keine Lust. Schule ist doof. Wir wären lieber schon erwachsen. Erwachsene brauchen nicht zur Schule.

Benjamin Wir halten das nicht mehr aus. Jeden Morgen derselbe Popel.

Postbotin Ich glaube, ich habe mich verhört! Was meint ihr, was ich hier jeden Tag mache! *(stellt die schwere Tasche ab)* Hier! Jeden Morgen derselbe – *(zu Benjamin)* wie hast du das so schön gesagt?

Benjamin Popel.

Postbotin Popel. Also: jeden Morgen derselbe Popel! Kiloweise popelige Briefe – da *(zieht einen Stapel Briefe aus der Tasche)* allein dieser Haufen ist für Frau Rumpelstilz, die kriegt anscheinend Liebesbriefe aus aller Welt, und ich, ich darf sie schleppen. Oder da (zeigt zwei große Päckchen) – die da sind für Herrn Obermunter. Der wohnt im siebten Stock. Ohne Lift. Und der kriegt mindestens jede Woche fünf solche Päckchen, und ich darf sie ihm in den siebten Stock hinauftragen. Treppauf, treppab, jeden Tag aufs neue. Während ihr in der Schule auf bequemen Stühlen hockt *(Tanja und Benjamin wechseln vielsagende Blicke)* und euch was Schönes erzählen lasst. Was glaubt ihr eigentlich, ihr Rotznasen *(Tanja macht eine empörte Geste, will was sagen, kommt aber nicht dazu)*, wie gut ihr es habt! Schule! Ich wollte, ich könnte mit euch tauschen! Ihr wisst ja gar nicht, wie gut ihr es habt!

Die Postbotin nimmt Tasche und Päckchen auf und verlässt empört schimpfend die Bühne.

Stolz Verlag Die Hexe Furufara, Best.-Nr. 009

5. Szene

Ein Arzt kommt im Auto (Attrappe) angebraust. Er bremst scharf und steigt aus, als er schon halb an den Kindern vorüber ist.

Arzt Seid ihr der Notfall?

Tanja Notfall?

Arzt 40 Grad Fieber. Bauchschmerzen.

Tanja *(zu Benjamin)* Hast du Fieber?

Sie beugt sich zu Benjamin und fühlt seine Stirn. Benjamin macht eine abwehrende Bewegung.

Benjamin Hast du Bauchschmerzen?

Tanja Wie kommst du darauf? Mir geht es gut!

Benjamin Mir geht's auch gut.

Tanja Herr Doktor, der lügt. *(deutet auf Benjamin)* Er hat so komische Flecken am Hals.

Arzt Lass mal sehen! *(tritt an Benjamin heran)*

Benjamin *(zu Tanja, wütend)* Ziege!

Arzt Vielleicht ist es Ziegenpeter!

Tanja Nein, der heißt Benjamin!

Arzt Also Notfall scheint er nicht zu sein. Dann muss ich weiter.

Der Arzt will in sein Auto einsteigen, stutzt, kommt wieder auf die Kinder zu, schaut demonstrativ auf die Uhr und dann auf die Kinder.

Arzt Halb zehn. Sagt mal – sagt mal ... müsstet ihr –

Tanja und Benjamin
(gemeinsam) – nicht in der Schule sein?

Arzt *(verdutzt)* Ja. Ja! In der Schule! Mir kam das doch gleich so komisch vor ...

Tanja und Benjamin
Wissen Sie was?

Arzt Was denn?

Tanja und Benjamin
Wir haben die Schule bis hier oben! *(heben die Hände bis an die Stirn)*

Arzt Ich glaube, ich habe mich verhört. Ja, wo habt ihr denn euren Verstand gelassen – ihr wisst ja gar nicht, –

Tanja und Benjamin
– wie gut ihr es habt! *(Gestik)*

Arzt Ja. Ja! Genau. Und wenn ich könnte, würde ich sofort –

Tanja und Benjamin
– mit euch tauschen!

Arzt *(verblüfft)* Ja. Ja! Also, das, das – *(etwas verwirrt)* Wenn ihr wüsstet, wenn ihr wüsstet, wie –

Tanja und Benjamin
– schwer i c h es habe!

Arzt Ja, woher wisst ihr das eigentlich? Na egal. Wie würdet ihr jammern, wenn ihr in meiner Haut stecktet! Die Patienten, jeden Tag kommen sie zu mir und erzählen mir, wie übel es ihnen geht. Herr Mirkelbuch hat schon seit drei Wochen Husten, Frau Kunzel kann den rechten Arm nicht heben. Und manchmal werde ich sogar nachts aus dem Bett geholt, weil irgendwo ein Mensch in Not ist. Also, ihr wisst ja gar nicht –

Tanja *(fällt ihm ins Wort)* fängt das jetzt schon wieder an!

Benjamin Die alte Leier!

Der Arzt steigt in sein Auto und fährt ab – verständnislos den Kopf schüttelnd.

Arzt Ihr Kinder habt es doch so gut. Ihr dürft in die Schule gehen, während wir Erwachsenen uns abplagen und Geld verdienen müssen. Was denkt ihr euch eigentlich! Schule ist doch so schön. Ich dagegen ... *(usw.)*

6. Szene

Falls möglich, sollte die Beleuchtung geändert werden. Es ist später am Vormittag, die Sonne hat ihren Stand geändert. Die Kinder sitzen unverändert. Es schlägt 12 Uhr von der Kirchturmuhr.

Benjamin Ich finde es zum –

Tanja Sag's ruhig. Es i s t zum Kotzen.

Benjamin Haben denn alle Erwachsenen nur die gleichen Sprüche drauf?

Tanja Wirklich wahr. Vater, Mutter, Tante, Onkel, Oma, Opa ...

Benjamin ... die Bäcker, die Polizisten, die Postboten, die Verkäufer, die Bauern, die Schuster, die Hausfrauen, die Arbeiter, die Wirte ...

Tanja ... die Lehrer, die Ärzte, die Politiker ...

Benjamin Überhaupt: alle Erwachsenen!

Tanja Ja, alle Erwachsenen!

Benjamin Wie die da unten – siehst du sie? *(deutet auf die Zuschauer)*

Tanja Ja, da sitzen sie und schauen zu uns herauf.

Beide Kinder schauen in die Zuschauerränge, dann springen sie plötzlich auf und schreien gemeinsam, gestikulierend.

Tanja und Benjamin
He, ihr da unten! Wie ist das mit euch?

Benjamin Gefällt es euch in der Schule?

Tanja Oder wärt ihr auch lieber schon erwachsen?

Benjamin Und wie steht es mit euch, liebe Eltern, liebe Lehrer?

Tanja Findet ihr auch, dass es uns so gut geht wie nie mehr im Leben?

Wenn die Schauspieler flexibel genug sind, kann hier ein publikumsbezogener Dialog einsetzen. Benjamin und Tanja fordern einzelne Zuschauer zum Sprechen auf, wiederholen das Gesagte, fragen noch einmal nach. Bestehen Unsicherheiten, lässt man das aber lieber.

Tanja und Benjamin
Also, w i r haben die Schule gründlich satt!
Ach, wenn wir doch schon erwachsen wären!

Es blitzt, donnert, kracht hinter der Bühne, und die Hexe Furufara mit einem großen, auffallenden Zauberstab erscheint.

Furufara *(baut sich kichernd vor den Kindern auf, schwenkt stürmisch den Zauberstab hin und her, spricht dazu sehr laut und überdeutlich)*
Zottel diwittel diwuttel diwei.
Bitzel dibatzel dibutzel hei.
Kitzel dikatzel dikutzelbu.
Furu di fara, di - di - di ...
(stockt, kratzt sich verlegen am Kopf) verhext, ich hab's wieder vergessen, huhu, ich hab's wieder einmal vergessen. *(holt ein Heftchen aus ihrem Gewand, blättert nach, lacht dann und steckt das Heft wieder weg)* So, noch einmal:
Zottel diwittel diwuttel diwei.
Bitzel dibatzel dibutzel hei.
Kitzel dikatzel dikutzelbu.
Furu di fara, difotzel-hu!
(schwingt wie wild den Zauberstab gegen die Kinder, kichert) Euch kann geholfen werden! Euch kann geholfen werden!

Es donnert wieder. Die Kinder drücken sich ängstlich aneinander. Die Bühne wird dunkler.

Furufara *(zu Tanja)* Du möchtest gern erwachsen sein. Na schön! Was möchtest du als Erwachsene machen?

Tanja *(etwas zaghaft, leise)* Verkäuferin.

Furufara *(hält sich die Hand ans Ohr)* Wie bitte?

Tanja Was?

Benjamin *(gefasst)* Die ist schwerhörig. Du sollst lauter sprechen!

Tanja Ach so. *(lauter)* Also: Ich möchte gern Verkäuferin in einer Boutique sein. Das wäre schön! Dann kann ich immer die schönsten Kleider anprobieren, ehe ich sie an die Kunden verkaufe.

Furufara Gut. Verkäuferin. *(wendet sich an Benjamin)* Und du?

Benjamin *(begeistert, mit leuchtenden Augen)* Ich möchte gern Fernfahrer sein! Das wäre super! Dann kann ich den ganzen Tag in einem 12-Tonner sitzen und die Autobahn entlangfahren, auf alle herunterschauen und fremde Länder kennen lernen!

Furufara Wird gemacht. Tanja wird Verkäuferin, Benjamin Fernfahrer. Und die Erwachsenen *(wendet sich kichernd ans Publikum)* stecken wir noch einmal in die Schule, wo sie so gern hinwollen!

Tanja und Benjamin
(Die Kinder tanzen vor Freude über die Bühne. Sie nehmen die Hexe in ihre Mitte) Au ja! Das ist gut! Das machen wir!

Sie singen folgende Verse:

Wir woll'n nicht mehr in der Schule sitzen
und täglich über Büchern schwitzen.
Das überlassen wir den Alten,
die von der Schule so viel halten!
Au ja! Au ja! Au ja!

Vorhang

2. Akt

Einzige Szene

Das Innere einer Boutique. Kleidungsstücke und Accessoires sind dekorativ ausgestellt. Tanja sortiert Kleider. Sie zieht dabei wechselweise etwas heraus, hält es sich an den Körper, dreht sich vor dem großen Spiegel hin und her. Die Ladenglocke bimmelt, eine Kundin kommt herein.

Tanja *(beflissen)* Schönen guten Tag! Was kann ich für Sie tun?

1. Kundin Ich suche ein hübsches Sommerkleid.

Tanja Soll es eine bestimmte Farbe haben?

1. Kundin Rot oder orange oder gelb – was haben Sie denn da?

Tanja Hier ist ein sehr hübsches Modell *(greift in den Ständer und zieht ein Kleid heraus)* – das ist der letzte Schrei.

1. Kundin Ja, die Farbe schreit wirklich. Haben Sie nicht was Dezentes?

Tanja *(hängt das Kleid zurück, zieht ein anderes heraus)* Wie wäre es mit diesem? Helles Beige, weicher Stoff, der Schnitt ist schwungvoll, jugendlich ...

1. Kundin *(nimmt das Kleid, betrachtet es ausgiebig)* Ja, sehr jugendlich, in der Tat. Viel zu jugendlich für mich.

Tanja *(hängt das Kleid zurück, zieht ein anderes hervor)* Hier habe ich etwas wirklich sehr Schönes und Elegantes. Das wird Ihnen sicher gefallen!

1. Kundin O ja, das ist wirklich wunderbar. Das probiere ich an.

Die 1. Kundin verschwindet mit dem Kleid hinter der Bühne. Inzwischen hat eine andere Kundin den Laden betreten. Sie geht zum Kleiderständer und beginnt darin herumzufingern.

Tanja Guten Tag. Kann ich Ihnen behilflich sein?

2. Kundin Nee, danke. Ich finde mich schon allein zurecht.

Die 2. Kundin zupft und wühlt im Angebot, wirft Kleider auf den Boden, lässt sie dort liegen, zupft und zerrt an allem herum und macht ziemlich viel Unordnung.

Stolz Verlag Die Hexe Furufara, Best.-Nr. 009

Tanja *(zunehmend nervös)* Vielleicht kann ich Ihnen die neueste Kollektion zeigen?

2. Kundin Ich hab Ihnen doch gesagt, dass ich mich auch ohne Ihre Hilfe zurechtfinde.

Die erste Kundin kommt mit dem neuen Kleid aus der Ankleidekabine. Sie tritt vor den Spiegel, dreht und wendet sich.

Tanja Sehr schön! Das steht Ihnen aber ausgezeichnet!

1. Kundin *(etwas unsicher)* Ja? Meinen Sie? Hier *(greift sich mit beiden Händen an die Taille)* kneift es ein bisschen.

Tanja Das kneift nicht. Das ist eng anliegend, das hat man jetzt so. Sie sehen darin so richtig schlank aus.

2. Kundin *(mischt sich ein)* Wenn was kneift, sollte man es nicht kaufen.

Tanja Ich sagte doch: Es kneift nicht, es ist nur anfangs etwas .. etwas ungewohnt.

1. Kundin *(dreht sich im neuen Kleid hin und her, zupft unschlüssig daran herum)* Schön ist es schon, aber ungewohnt. Irgendwie eng ...

2. Kundin Also, wenn ich Ihnen raten dürfte ...

Tanja *(ärgerlich)* Darf ich Sie dringend bitten, sich nicht in mein Verkaufsgespräch einzumischen?

1. Kundin *(zur 2. Kundin)* Haben Sie mit dieser Art Kleiderschnitt schon Erfahrungen gemacht?

2. Kundin Und ob! Ich habe mir vor zwei Wochen ein solch modernes Kleid gekauft. Und ich konnte es immer nur bis 12 Uhr dreißig tragen.

Tanja *(zur 2. Kundin)* Darf ich Sie bitten –

2. Kundin *(redet unbeirrt weiter)* Immer nur bis 12 Uhr dreißig. Danach musste ich mich umziehen.

1. Kundin *(neugierig)* Ein Vormittagskleid? Aber wieso denn?

Tanja *(zur 2. Kundin)* Ich möchte Sie dringend bitten –

1. Kundin Wieso durften Sie das Kleid am Nachmittag nicht tragen?

2. Kundin Durfte? Haha! K o n n t e ! Nach dem Mittagessen wurde es mir jedesmal viel zu eng. Ich bekam keine Luft mehr. Keine Luft, sag ich Ihnen!

1. Kundin Keine Luft!

2. Kundin Ja! Regelrechte Erstickungsanfälle hatte ich. Herr Reiberlein – kennen Sie den? Der arbeitet bei der Allifranz-Versicherung, aber er ist jedenfalls ein lieber Mensch, der Herr Reiberlein, also der Herr Reiberlein, der hatte mich mal zum Mittagessen eingeladen –

Tanja *(fuchtelt hilflos mit den Armen)* Bitte, bitte ...

Während des ganzen Gesprächs versucht Tanja mit Gesten, ein Ende in die Unterhaltung zu bringen, aber ohne jeden Erfolg. Inzwischen betritt eine dritte Kundin den Laden. Sie steht geduldig da und wartet darauf, bedient zu werden. Tanja aber ist so mit den beiden anderen beschäftigt, dass sie die neue Kundin überhaupt nicht bemerkt.

2. Kundin Wir aßen Steak mit Salat, und nach dem Eis bekam ich plötzlich keine Luft mehr, da rief Herr Reiberlein, dieser liebe Mensch, einen Kranken-

1. Kundin *(fällt ihr ins Wort)* Sagen Sie mir mal, wo wohnt denn dieser Herr Reiberlein?

2. Kundin Das geht Sie gar nichts an! Wollen wir uns über Herrn Reiberlein oder über das Kleid unterhalten?

1. Kundin *(kleinlaut)* Über das Kleid.

2. Kundin Also ich hatte regelrechte Erstickungsanfälle, nur wegen dieses Kleides.

1. Kundin *(zeigt auf das Kleid, das sie selbst trägt)* Wegen d i e s e s Kleides?

2. Kundin Aber nein, meines war rot. Aber es wird Ihnen mit diesem nicht besser gehen.

1. Kundin Ich glaube, ich ziehe das Kleid mal besser wieder aus. Ich kriege schon jetzt keine Luft mehr, dabei habe ich noch gar nicht zu Mittag gegessen. *(will zur Kabine gehen)*

2. Kundin *(hält 1. Kundin am Ärmel zurück)* Achtundneunzig Euro und fünfzig Cent habe ich für den modischen Fummel bezahlt! Und jetzt hängt das Ding im Schrank, die Motten freuen sich.

Tanja *(wütend)* Würden Sie bitte aufhören, meine Kunden zu verunsichern? Was Sie erzählen, ist unheimlicher Unsinn! *(zu 1. Kundin)* Glauben Sie das doch nicht! Und außerdem steht Ihnen das Kleid einfach fantastisch!

2. Kundin *(beachtet Tanja überhaupt nicht)* Wenn Sie sich nicht drin wohlfühlen, lassen Sie sich nichts andrehen. Auch wenn man Ihnen sagt, wie toll es Ihnen steht. Das sind alles Tricks!

Tanja *(erbost)* Hier gibt es keine Tricks! Ich verbitte mir das! Sind Sie nur hereingekommen, um mir mit Ihren Lügen meine Kunden zu verjagen?

2. Kundin Bitte nicht dieser Ton! Ich lüge nie! Wie heißen Sie? Ich muss mich beschweren. Wo finde ich die Geschäftsleitung?

1. Kundin *(geht zur Kabine)* Also, das Kleid nehme ich auf gar keinen Fall, es kneift. Ich will ein Kleid, das man auch nach dem Mittagessen tragen kann.

Während der ganzen Zeit steht die 3. Kundin bereits im Raum. Sie wartet geduldig.

3. Kundin *(zu Tanja, freundlich zurückhaltend)* Könnten Sie jetzt bitte –

Tanja *(zur 1. Kundin)* Wie wäre es, wenn Sie einfach eine Nummer größer nehmen?

1. Kundin *(lacht empört)* Aber ich bitte Sie, meine Liebe! Ich ziehe doch keine vierziger Größen an! Was denken Sie eigentlich von mir! Ich bin doch kein Walross!

3. Kundin *(drängender)* Hallo, würden Sie bitte jetzt einmal –

2. Kundin Wo ist die Geschäftsleitung? Ich will sofort die Geschäftsleitung sprechen! Es ist schon haarsträubend, was manche Boutiquen so verkaufen! *(zupft verächtlich an den ausgestellten Kleidern herum, wirft einige vom Ständer)*

Tanja *(am Rande des Nervenzusammenbruchs, schreit)* Jetzt reicht es mir! Verlassen Sie den Laden, und zwar sofort!

Der Chef betritt den Laden.

Hühnerkluft Was ist denn das hier für ein Geschrei?

Tanja *(erschrocken stammelnd)* O, guten Morgen, Herr Hühnerkluft!

Hühnerkluft *(freundlich nach allen Seiten nickend)* Guten Morgen, meine werten Damen! Nun? Haben Sie schon was Hübsches in unserer netten kleinen Boutique gefunden?

2. Kundin Ich möchte mich beschweren! Ihre Verkäuferin ist nicht nur inkompetent sondern auch noch unheimlich frech! Ich war das letzte Mal in Ihrem Laden! *(rauscht grußlos hinaus)*

1. Kundin *(kommt aus der Ankleidekabine, wirft Herrn Hühnerkluft das neue Kleid einfach über den Kopf, schimpft)* Ihre Verkäuferin wollte mir dieses Vormittagskleid andrehen. Das kneift und man erstickt darin nach dem Mittagessen. Auf den Trick *(Stimme verstellt)* Das steht Ihnen aber ausgezeichnet! *(Stimme wieder normal)* falle ich nicht herein. Ich nicht! Da müssen Sie sich andere, dümmere Kunden suchen! Mir den Rat zu geben, ich solle doch Größe 40 nehmen, ist der Gipfel der Unverschämtheit! Ziehen Sie dieses Kleid doch selbst an! *(rauscht hinaus)*

3. Kundin Hier wird man überhaupt nicht bedient. Wenn Sie es nicht nötig haben, sich um Kunden zu kümmern, kann ich ja auch wieder gehen. *(verlässt den Laden)*

Hühnerkluft Aber meine Damen, meine Dame – so bleiben Sie doch, ich werde –

Es sind nur noch der Chef und Tanja auf der Bühne.

Hühnerkluft *(legt das Kleid über einen Stuhl, schaut Tanja entsetzt an, rauft sich die Haare)* Was haben Sie da nur angerichtet?

Tanja *(verzweifelt)* Gar nichts, Herr Hühnerkluft! Ich weiß nicht ... Ich habe doch ...

Hühnerkluft Alle Kunden vertreiben Sie! Wie viele Kleider haben Sie heute verkauft?

Tanja *(zerknirscht)* Keines, Herr Hühnerkluft.

Hühnerkluft *(vorwurfsvoll)* Jasmin hat jeden Tag etwa 15 Kleider verkauft.

Tanja *(verdreht die Augen)* Jasmin, Jasmin.

Hühnerkluft Jasmin war eine hervorragende Verkäuferin! Die konnte mit Kunden umgehen! Da hat niemand beleidigt den Laden verlassen!

Tanja *(patzig)* Mit solchen Kunden konnte es Jasmin bestimmt auch nicht!

Hühnerkluft Der Kunde ist König, merken Sie sich das, Tanja. Nächste Woche möchte ich Verkaufszahlen sehen. *(geht ab)*

Tanja wirft wütend das Kleid vom Stuhl und setzt sich ratlos-trotzig hin.

Vorhang

3. Akt

Einzige Szene

Eine Theke in einem Trucker-Restaurant. Ein Trucker sitzt auf einem Hocker und trinkt eine Limo. Hinter der Theke poliert die Bedienung Trinkgläser. Benjamin kommt herein. Er geht auf die Theke zu und wirft seine Kappe hin.

Benjamin Ein Glas Mineralwasser, bitte.

Trucker Noch eine Limo für mich.

Die Bedienung stellt das Gewünschte auf die Theke.

Bedienung Eine Mineralwasser, eine Limo.

Trucker *(zu Benjamin)* Wohin, Kumpel?

Benjamin Flensburg. Und du?

Trucker Berlin. Ich fahre Schweinehälften für die Hauptstadt.
Und du?

Benjamin Regenschirmgriffe. Fünf Tonnen Regenschirmgriffe.

Trucker Die Autobahn ist ja wieder mal dicht. Ein Stau nach dem anderen.

Benjamin *(seufzt)* Ja. Die Ferien in Nordrhein-Westfalen haben begonnen.

Trucker Es macht keinen Spaß mehr. Früher, da war das anders. Heute stehst du dir die Pneus in die Bremse. *(Lehnt griesgrämig an der Theke.)*

Benjamin *(trinkt einen Schluck)* Bin heute morgen in eine Kontrolle geraten.

Trucker *(wieder munter)* Sind die auch wieder unterwegs? Und?

Benjamin Etwas überladen. Mein Chef wird blechen müssen.

Trucker Hoffentlich halten die mich nicht auch an.

Benjamin Wieso? Stimmt was nicht?

Trucker Doch, alles okay. Aber man verliert so viel Zeit. Ich muss reinhauen, damit meine Prämie nicht verfällt. *(steht auf)* Deshalb mach ich mich mal wieder auf. Tschüss zusammen!

Benjamin Tschüss, Kumpel!

Bedienung Tschüss, Charly.

Eine Weile ist es still im Lokal. Dann beginnt die Bedienung ein Gespräch mit Benjamin.

Bedienung Du siehst nicht gerade glücklich aus, Mann!

Benjamin Ich wollte mir mal ganz gern die Stadt Flensburg ansehen. Muss schön sein da. Die Ostsee ...

Bedienung Dann tu's doch!

Benjamin Tu's doch, tu's doch! Ich muss dort meine Regenschirmgriffe abliefern. Weiß der Kuckuck, wozu die in Flensburg so viele Regenschirmgriffe brauchen.

Bedienung Vielleicht regnet es da so oft.

Benjamin Und dann geht es schon wieder weiter nach Hamburg. Dort kriege ich eine neue Ladung. Diesmal Knoblauchpressen. Zweieinhalb Tonnen. Nicht mal eine halbe Stunde Zeit habe ich. Würde gern mal auf die Reeperbahn gehen. Aber nein, sofort weiter, die Knoblauchpressen ...

Bedienung Und wo fährst du die hin?

Benjamin Nach München.

Bedienung *(schwärmt)* Da war ich vor zwei Jahren! Der Stachus, das Hofbräuhaus, und überhaupt ... ist eine schöne Stadt!

Benjamin Ja, immer schön verstopft. Ich habe bestimmt schon dreißigmal dort im Stau gestanden.

Bedienung Spazierengehen an der Isar!

Benjamin Ich kenne von jeder Stadt nur die Hauptstraßen und die Industriegebiete!

Bedienung Noch'n Glas Wasser?

Stolz Verlag Die Hexe Furufara, Best.-Nr. 009

Benjamin Danke, ich muss weiter. Ich bin zwar hundemüde, weil ich schon 12 Stunden unterwegs bin, aber der Chef sagt, wenn ich bis 16 Uhr nicht da bin, kann ich meine Prämie vergessen. Wieviel macht's?

Bedienung Eins fünfzig.

Benjamin legt ein paar Münzen auf den Tisch und wendet sich zum Gehen.

Benjamin Tschüss!

Bedienung Auf Wiedersehen! Und gute Fahrt!

Zwei neue Gäste betreten das Lokal.

Vorhang

4. Akt

1. Szene

Ein Klassenzimmer. Tische und Stühle, eine Tafel, ein Papierkorb. Als Schüler haben sich die Erwachsenen eingefunden: Tanjas Mutter und Benjamins Vater, Tante Emmi, Bäcker und Postbotin, Polizist mit Hund, Arzt, Schuster, Arbeiter, Bauer, Wirt, Lehrer. Jeder hat zur besseren Identifizierung durch das Publikum ein großes Namenschild mit deutlicher Schrift an Brust und Rücken. Die erwachsenen Schüler toben herum, denn es ist keine Aufsicht im Klassenzimmer. Eine Schulglocke schellt. Die Hexe Furufara kommt hereingeeilt, sie ist wie eine Lehrerin gekleidet, mit einer großen Brille auf der Nase. Der Zauberstab dient als Zeigestock. Die Hexe berichtet dem Publikum, was die „Schüler" gerade anstellen – diese befolgen die Anordnungen.

Furufara *(zum Publikum)* Da sind sie ja alle *(dreht sich nach ihren Schülern um)*: Der Polizist, der Bäcker, der Arzt. Schaut mal, dort ist Benjamins Vater! Tanjas Mutter kritzelt gerade die Tafel voll. Und schaut mal, schaut: Frau Becher-Freudemann liest in einem Buch, jetzt reißt es ihr doch einer weg, ja, wer ist denn das? Ach, ach nein, der Herr Winkelberger! Schau an, Benjamins Lehrer, so ein Lümmel! Tante Emmi isst schon jetzt das Pausenbrot. Das sieht ihr ähnlich! Dort ist ja auch unsere Postbotin. Was macht die denn da? Also sowas! Wieso verteilt die denn jetzt schon die Hefte! Na, der muss ich gleich was auf die Finger geben. Der Schuster, ja, der in dem blauen Hemd, der klopft auf die Bank, hört ihr das? *(kurze Pause, man hört deutlich das laute Pochen)* Der denkt wohl, er wäre in einer Werkstatt! Und – nein, also guckt mal schnell rüber zu dem Blonden in der letzten Bank! Ja, also, hat man da noch Töne? Der zieht seine Banknachbarin aus. Der denkt wohl, er wäre in seiner Arztpraxis! Jetzt muss ich aber dringend Ordnung schaffen. *(wendet sich den Schülern zu, geht zur Tafel vor und stellt sich in Position, schreit)* Ruhe! Ruuuuheeee hier! Wollt ihr wohl alle still sein jetzt?

Es wird allmählich still in der Schulklasse, die erwachsenen Schüler setzen sich umständlich und schauen erwartungsvoll nach vorn.

Furufara Ich bin Furufara, eure Lehrerin. Guten Tag, meine Lieben!

Es bricht wieder Unruhe aus. Einige grüßen zurück, andere kichern oder rufen, zwei oder drei Schüler stehen auf.

Furufara Ruhe da! Und aufstehen. Ja, auch Sie, Herr Polizist! Übrigens, Ihren Hund bringen Sie nach draußen, der hat hier während des Unterrichts nichts zu suchen!

Stolz Verlag Die Hexe Furufara, Best.-Nr. 009

Polizist Aber warum denn, der ist doch ganz brav. Sitz, Bello! *(Bello setzt sich neben die Bank)*

Furufara Nichts da, Hunde gehören nicht ins Klassenzimmer. Draußen mag er warten, bis die Schule aus ist.

Polizist Aber –

Furufara *(streng)* Keine Widerrede!

Polizist *(zu Bello)* Komm! *(Bello sträubt sich)* Komm schon! *(Bello will nicht)* Fuß!

Der Polizist zieht den widerspenstigen Hund fort. Der reisst sich im letzten Moment noch einmal los und spricht das Publikum an.

Bello Immer, wenn es spannend wird!

Der Polizist packt ihn erneut am Kragen und schleift ihn hinaus. In der Klasse ist es jetzt still. Alle Schüler stehen da und schauen Furufara an. Die mustert die Klasse. Der Polizist kommt ohne Hund zurück und geht an seinen Platz.

Furufara Setzen! *(alle setzen sich)* Hefte raus! Wir schreiben einen Aufsatz.

Postbotin Ich kann keine Aufsätze schreiben.

Arzt Ich auch nicht.

Arbeiter Ich will nicht.

Furufara *(streng)* Wer nicht schreibt, bekommt gleich eine Sechs. *(zieht ein rotes Büchlein aus der Jackentasche, knallt es aufs Pult)* Das Thema heißt: Eine schöne Erinnerung.

Murrend machen sich die Schüler daran zu schreiben. Während dies geschieht, sind einige Schüler übermütig. Sie necken Nachbarn, produzieren Klopfgeräusche, stehen auf zum Bleistiftspitzen usw. Ausschmücken nach eigener Fantasie! Furufara greift jedesmal tadelnd ein. Sie nennt dabei die Namen oder Berufsbezeichnungen, so dass die Zuschauer sofort wissen, wer Blödsinn macht und getadelt wird. Es ertönt wieder die Schulglocke.

Furufara So, meine Lieben. Hefte abgeben.

Allgemeines Murren. Einige klappen die Hefte zu.

Bäcker Ich möchte noch ein bisschen weiterschreiben. Ich bin gerade da dran, wie ich auf einen Kirschbaum klettere und –

Furufara Alle müssen die Hefte jetzt abgeben. Zweite Stunde: Mathe. Tante Emmi, sammeln Sie die Aufsatzhefte ein!

Tante Emmi tut, wie ihr aufgetragen.

Benjamins Vater
(begeistert) Rechnen ist klasse! Da bin ich gut.

Tanjas Mutter
Du kannst mir ja die Lösungen vorsagen.

Furufara Hier wird nicht vorgesagt. Wer vorsagt, bekommt gleich eine Sechs. Und wer sich vorsagen lässt, auch. *(nimmt wieder das rote Büchlein hoch und droht damit)*

Schuster Ooooch, ist das streng hier!

Frau Becher-Freudemann
(zeigt auf) Kann ich mal raus an die frische Luft? Mir ist nicht gut.

Furufara Ich mache das Fenster auf, dann können Sie sich daneben stellen. Ich darf jetzt nicht einfach jemanden draußen rumlaufen lassen.

Frau Becher-Freudemann
Warum nicht?

Furufara Wenn etwas passiert, bin ich schuld. Das geht einfach nicht.

Herr Winkelberger
Hier geht aber auch gar nichts. So eine blöde Schule.

Furufara Für Frechheiten gibt es einen Tadel *(zieht das rote Buch und notiert etwas)* Ihre Mutter soll morgen Nachmittag in meine Sprechstunde kommen.

Herr Winkelberger
Das geht auch nicht.

Furufara *(aufgebracht)* Wie soll ich das verstehen?

Herr Winkelberger
Meine Mutter ist 97 Jahre alt, ist verwirrt und wohnt im Altersheim.

Polizist *(ruft in die Klasse)* Wann rechnen wir denn endlich?

Benjamins Vater
Ja, wann rechnen wir endlich?

Furufara Hände auf die Bank. Wer die Antwort weiß, zeigt auf. Zwei mal elf?

Postbotin *(ruft in die Klasse)* Zweiundzwanzig! *(zu Benjamins Vater)* Hihi, ich war schneller!

Furufara *(erzürnt)* Was habe ich gesagt? *(klopft mit dem Stab auf die Bank der Postbotin)* Was habe ich gesagt?

Postbotin *(kleinlaut)* Dass wir aufzeigen sollen.

Furufara Und warum halten Sie sich nicht daran? Nächste Rechnung: vier mal zehn?

Arzt Können wir nicht was Schwereres rechnen? Das ist doch etwas für Kindergartenkinder!

Bauer *(dreht sich zum Arzt um)* Finden Sie, lieber Herr Doktor? Also ich bin ganz froh, wenn ich mal die Grundlagen wiederholen kann! Sie wissen sicher auch nicht mehr alles.

Schuster Richtig! Man muss Rücksicht nehmen auf die Schwächeren. Wir sind schließlich viele in der Klasse.

Tante Emmi Bravo! *(dreht sich auch zum Arzt um)* Sie sind schließlich nicht allein hier!

Arzt Ich habe es satt. Ich gehe nach Hause.

Furufara Haaaaalt! So geht das aber nicht.

Arzt Was geht so nicht?

Furufara Schüler dürfen nicht einfach nach Hause gehen, wenn sie es satt haben.

Die Tür öffnet sich, Bello kommt herein.

Polizist Bello! Sitz!

Furufara So ein Chaos! Raus mit dem Hund!

Bello knurrt und bellt. Widerstrebend lässt er sich von dem Polizisten rausbringen. Man hört ihn noch von draußen Befehle geben: Sitz! Platz! Still! Wirst du wohl brav sein! Platz! Usw.

Arzt Sie können mich doch nicht einfach so festhalten! Das ist ja Freiheitsberaubung!

Furufara Ich habe für Sie die Verantwortung. Wenn Ihnen etwas passiert, kriege ich eins auf den Hut. Sie müssen hierbleiben, bis die Schule aus ist.

Arzt Was soll mir denn schon passieren? So ein Blödsinn!

Der Arzt setzt sich kopfschüttelnd wieder hin.

Bauer Ich möchte eigentlich auch gern gehen. Meine Schweine haben Hunger.

Benjamins Vater
Rechnen wir jetzt endlich weiter?

Furufara Tausendeinhundert plus zwanzig?

Benjamins Vater
(zeigt auf) Tausendeinhundertzwanzig.

Furufara Tausend minus fünfhundert? Sie da! *(deutet auf Tanjas Mutter, die sich in ihrer Bank ganz klein gemacht hat)*

Tanjas Mutter
(kaut ratlos an den Fingernägeln) Darf ich den Taschenrechner benutzen? *(Benjamins Vater beugt sich zu ihr und flüstert ihr die Antwort zu)*

Furufara *(streng)* Habe ich nicht gesagt, wer vorsagt, bekommt eine Sechs? *(zückt das rote Notenbüchlein)*

Bäcker *(schadenfroh)* Und wer sich vorsagen lässt, auch! *(er packt ein Brötchen aus und beißt hinein)*

Furufara *(schaut ihn entsetzt an)* Ja, was ist denn das!

Bäcker Das sind die besten Brötchen in der Stadt! M e i n e Brötchen! Mal abbeißen?

Furufara Ich glaube, mein Stiefel quietscht! Ja haben wir denn Pause?

Bäcker Nee, noch nicht. Aber dafür großen Hunger!

Furufara Legen Sie sofort das Brötchen weg!

Bäcker Aber wieso denn? Mein Magen brummt schon.

Furufara *(geht auf ihn zu, nimmt ihm das Brötchen weg und legt es auf den Tisch)* In die Ecke!

Bäcker Was? Wie?

Furufara Sie stellen sich jetzt zur Strafe in die Ecke. Und zu Hause schreiben Sie fünfzigmal: Ich darf während des Unterrichts nicht essen!

Bäcker *(geht jammernd in die Ecke)* Aber mein Magen tut schon weh, ich habe doch Hunger, mein schönes Brötchen!

Furufara nimmt wieder das rote Notenbüchlein heraus und schreibt. Alle sind still. Es ertönt die Schulglocke. Die Schüler möchten aufspringen, aber Furufara knallt mit dem Stock auf das Pult. Erschrocken schauen alle zu ihr hin.

Furufara Halt! Hiergeblieben! Zuerst die Hausaufgaben.

Murrend nehmen die Schüler wieder Platz. Furufara notiert an der Tafel einige Aufgaben.

Furufara Mathebuch, Seite 27, die Aufgaben 3 bis 13. Für Deutsch lernt ihr das Gedicht im Lesebuch Seite 59 auswendig.

Tante Emmi Seite 59?

Furufara Habe ich doch eben gesagt.

Alle Schüler stöhnen. Man hört vereinzelte Stimmen der Empörung: so viel, so ein langes Gedicht usw.

Postbotin Und alles bis morgen?

Furufara Selbstverständlich bis morgen.

Frau Becher-Freudemann
Aber heute ist doch so schönes Wetter draußen!

Furufara Was hat das mit den Hausaufgaben zu tun? Schreibt es euch auf!

Die Schüler notieren sich die Hausaufgaben. Nur der Arzt schreibt nicht.

Furufara Haben Sie die Hausaufgaben schon aufgeschrieben?

Arzt Die merke ich mir.

Furufara Das kenne ich. Los! Aufschreiben!

Arzt Ich kann mir das wirklich merken.

Furufara Wenn ich sage, das wird aufgeschrieben, dann wird das aufgeschrieben!

Der Arzt notiert widerwillig. Furufara schaut ihm über die Schulter.

Furufara Aber das kann man ja überhaupt nicht lesen!

Arzt Ich schon.

Bello kommt wieder herein. Jetzt stehen alle auf und verlassen fluchtartig die Klasse. Der Polizist und Bello bleiben als Letzte auf der Bühne.

Polizist *(versucht den herumspringenden Hund zu bändigen)* Sitz! Bello, sitz! Platz! Sitz! *(nimmt die Schultasche und geht)* Fuß, Bello! Fuß!

Ehe der Polizist mit dem Hund verschwindet, dreht sich der Vierbeiner noch einmal zum Publikum und schimpft: Sitz Bello! Platz, Bello! Still Bello! Wau, wau!
Furufara bleibt zurück und putzt die Tafel. Dann geht auch sie.

2. Szene

Tanja kommt von links, Benjamin von rechts auf die Bühne. Sie freuen sich, einander zu sehen.

Tanja Benjamin, hallo!

Benjamin Tag, Tanja! Das ist ja toll, dass wir uns hier treffen!

Tanja Ja, finde ich auch!

Benjamin Wo sind deine schicken Modefummel?

Tanja Ich kann keine Kleider mehr sehen. Und du? Ich denke, du bist mit deinem Brummi unterwegs in Paris oder Berlin oder Wien ...

Benjamin Ach weißt du – manchmal denke ich ...

Tanja Was?

Benjamin Sag mal, wieso bist du nicht in deiner Boutique?

Tanja Also – ich ... *(geht durch die Bankreihen, streicht nachdenklich über die Tischflächen, tritt an die Tafel, beginnt versonnen zu kritzeln)* Tafelschreiben, das habe ich immer gern gemacht.

Benjamin *(setzt sich in eine Bank)* Kopfrechnen! Das war toll! Schule ...

Tanja Keine Modefummel, keine unverschämten Kunden, kein Chef ...

Benjamin Keine verstopften Straßen, keine Schirmgriffe, keine Knoblauchpressen, keine Termine ...

Tanja *(nimmt neben Benjamin in der Bank Platz)* Schule ...

Draußen wird es laut. Stimmengewirr, Tumult. Die Erwachsenen stürmen die Bühne. Sie schreien und gestikulieren. Man versteht Wortfetzen: – anders vorgestellt – das Allerletzte – festgehalten werden – ich weigere mich, diesen Zirkus weiter mitzumachen – ich will mein Brötchen essen, wann ich will – viel zu streng – nichts darf man – usw. Alle Erwachsenen strömen auf die Bühne. Zuletzt kommt Furufara herein. Sie stellt sich gut sichtbar vor die erregten Erwachsenen und sorgt für Ruhe.

Furufara Still! Ruhe! Hört mal alle her!

Es wird allmählich ruhiger.

Bäcker Ruhe! Ruhe! Immer muss man still sein in dieser blöden Schule! Wenn ich mich aufregen will, möchte ich das laut tun! Und mir stinkt dieser Betrieb! Ich will zurück zu meinen Brötchen in die Backstube, auch wenn ich um vier Uhr morgens aufstehen muss!

Postbotin Und ich will lieber wieder meine Briefe und Pakete in den siebten Stock hinaufschleppen.

Arzt Und ich möchte lieber mitten in der Nacht zu meinen Patienten gerufen werden. Das macht mir wirklich nichts aus im Vergleich zu ... zur Schule.

Frau Becher-Freudemann
Und ich will lieber wieder selbst unterrichten.

Herr Winkelmann
Genau! Ich auch!

Polizist *(zu seinem unruhigen Hund)* Sitz, Bello! Sitz! Also, wenn ich es mir richtig überlege, so toll ist es nun doch nicht in der Schule.

Alle Erwachsenen
(skandieren) Schu-le ist blöd! Schu-le ist blöd! Schu-le ist blöd!

Tanja und Benjamin springen auf, stellen sich vor die Erwachsenen und rufen laut.

Tanja Schule ist gar nicht blöd.

Benjamin Schule ist schön

Furufara Was höre ich da?

Tanja und Benjamin
(gemeinsam) Schule ist schön!

Bäcker Dann geht doch wieder in eure Schule. Wir räumen gern die Plätze für euch.

Alle *(stimmen ein)* Ja ja, wir gehen! Ihr könnt gern hierbleiben!

Tanja und Benjamin
(zu Furufara) Geht das? Kannst du das machen?

Stolz Verlag Die Hexe Furufara, Best.-Nr. 009

Furufara *(kichert)* Aber natürlich! Wartet mal – *(Sucht nach ihrem Zauberstab. Findet ihn auf dem Pult. Schwingt ihn wild in der Luft und spricht dazu den Zauberspruch)*
Zottel diwittel diwuttel diwei.
Bitzel dibatzel dibutzel hei.
Kitzel dikatzel dikutzelbu.
Furu di fara, di – di – di
(stockt, kratzt sich verlegen am Kopf, alle Augen sind gespannt auf sie gerichtet) Verhext, ich hab's wieder vergessen, huhu, ich hab's wieder einmal vergessen. *(holt das Heftchen aus ihrem Gewand, blättert nach, lacht dann und steckt das Heft wieder weg)* So, noch einmal:
Zottel diwittel diwuttel diwei.
Bitzel dibatzel dibutzel hei.
Kitzel dikatzel dikutzelbu.
Furu di fara, difotzel-hu!
(schwingt wie wild den Zauberstab gegen die Kinder und gegen die Erwachsenen, kichert) Euch kann geholfen werden! Euch kann geholfen werden!

Es donnert. Alle drängen sich ängstlich zusammen. Die Bühne wird dunkler.

Furufara *(zu den Erwachsenen)* So, ihr wollt also wieder zurück in eure Berufe. Und ihr wollt euch auch nicht mehr beklagen und den Kleinen immer sagen, wie gut sie es doch in der Schule haben!

Erwachsene *(durcheinander)* Ja, genau, so ist es, das wollen wir!

Furufara *(zu Tanja und Benjamin)* So, und ihr wollt also wieder zurück in die Schule und fleißig lernen. Und ihr wollt auch nicht mehr über die Schule klagen und die Erwachsenen beneiden!

Tanja und Benjamin
(wie aus einem Munde) Ja, ja, das wollen wir!

Furufara *(hält den Zauberstab hoch)* Dann sei es so!

Die Erwachsenen singen gemeinsam:

Wir woll'n nicht mehr in der Schule sitzen
und täglich über Büchern schwitzen.
Das überlassen wir den Kleinen,
damit sie nicht mehr um die Schule weinen.
Au ja! Au ja! Au ja!

Vorhang

5. Akt

Einzige Szene

Bühnenbild des ersten Aktes (Straße). Tanja und Benjamin sitzen am Straßenrand auf ihren Schulranzen, haben die Köpfe auf die Arme gestützt und scheinen zu schlafen. Der Polizist kommt heran. Er zieht Bello hinter sich her und bleibt bei den Kindern stehen.

Polizist *(zum Hund)* Sitz, Bello! *(zu den Kindern)* He, ihr beiden!

Tanja *(springt auf, erschrocken)* Du liebes bisschen!

Benjamin *(reibt sich die Augen)* Habe ich geschlafen?

Polizist *(schaut auf die Armbanduhr)* Ihr seid vielleicht ein paar Bummler! Drei vor acht!

Benjamin *(springt auf)* Du meine Güte. Wir schreiben gleich eine Mathearbeit! Ich muss mich beeilen! *(rafft seinen Schulranzen und schultert ihn)*

Tanja Warte mal! *(greift Benjamin an den Hals)* Was hast du da? Da ist ein Fleck!

Benjamin *(ärgerlich)* Ach lass mich doch mit deinem Hals in Ruhe!

Tanja M e i n Hals ist okay. D e i n e r ist schmutzig!

Bello ist aufgestanden und schnüffelt an Benjamins Hosenbeinen.

Polizist Sitz, Bello!

Benjamin *(wendet sich zum Gehen)* Also dann, tschüss! *(geht eilig)*

Tanja Viel Glück bei der Arbeit! *(zum Polizisten)* Ich muss auch. Frau Becher-Freudemann ist sehr streng. Wenn man zu spät kommt, kriegt man gleich eine Eintragung.

Polizist Meinst du vielleicht, i c h kann kommen und gehen, wie ich will? *(zum Hund)* Sitz, Bello!

Tanja Aber eigentlich ist es ganz nett bei Frau Becher-Freudemann in der Klasse. Ich gehe gern in die Schule.

Polizist Na, dann lauf mal! Sonst kriegst du wirklich noch eine Eintragung!

Tanja Tschüss! *(läuft davon)*

Der Polizist geht mit dem Hund noch einmal auf der Bühne hin und her. Er erteilt dabei dem Hund laufend Befehle: Fuß! Sitz! Fuß! Dann geht auch er von der Bühne. Nach ein paar Sekunden kommt der Hund allein zurück.

Bello *(zum Publikum)* Wenn ihr denkt, das Stück ist jetzt aus, Ende gut, alles gut und so, dann täuscht ihr euch. Ich will euch mal was sagen. Der ärmste von allen bin nämlich ich. Den ganzen Tag heißt es: Sitz, Bello! Platz Bello! Pfui, Bello! Fuß, Bello! Sitz! Platz! Still, Bello! Pfui, Sitz, Platz! Was für ein Hundeleben. Ich habe allen Grund zum Klagen. Am liebsten möchte ich gar kein Hund sein...

Bello trabt von der Bühne. Er kommt aber nach ein paar Sekunden noch einmal zurück.

Bello Ich möchte wirklich kein Hund mehr sein. Ich möchte groß, stark und mächtig sein. Ich wollt, ich wär ein – Elefant! *(geht endgültig ab)*

Furufara kommt und stellt sich mitten auf die Bühne. Sie schwingt ihren Zauberstab und kichert dazu.

Furufara Zottel diwittel diwuttel diwei.
Bitzel dibatzel dibutzel hei.
Kitzel dikatzel dikutzelbu.
Furu di fara, di – di – di
(stockt, kratzt sich verlegen am Kopf) verhext, ich hab's wieder vergessen, huhu, ich hab's wieder einmal vergessen. *(holt das Heftchen aus ihrem Gewand, blättert nach, lacht dann und steckt das Heft wieder weg)* So, noch einmal:
Zottel diwittel diwuttel diwei.
Bitzel dibatzel dibutzel hei.
Kitzel dikatzel dikutzelbu.
Furu di fara, difotzel-hu!
(schwingt wie wild den Zauberstab, kichert) Dir kann geholfen werden!

Es donnert. Die Bühne wird dunkler. Furufara verschwindet. Nach einer Weile trabt ein Elefant mehrmals über die Bühne und trompetet dazu. Aus dem Hintergrund hört man den Polizisten rufen.

Polizist *(hinter der Bühne)* Bello, wo bist du schon wieder, wirst du wohl herkommen!

Der Elefant verschwindet von der Bühne.

Stolz Verlag Die Hexe Furufara, Best.-Nr. 009

Polizist *(mit entsetzter, sich fast überschlagender Stimme)* Bello! Bello! Bist du das? Wie siehst du denn aus! Wieso bist du so groß! Sitz! Platz. Siiiiiitz! Plaaaaatz! Neiiiiiin, nicht, nicht, Hiiiiilfe!

Es kracht und poltert hinter der Bühne, dazu trompetet der Elefant.

Vorhang

„Lendersdorfer Traumfabrik" im Stolz Verlag

Stolz Verlag, Schneidhausener Weg 52, 52355 Düren, Tel. (02421) 5 79 79

Sachfächer

Themenhefte mit leicht verständlichen Texten zum sinnerfassenden Lesen und Lernen; mit Arbeitsanweisungen:

Das Wetter ab 2. Sj. *Best.-Nr. 042*
Laubbäume ab 2. Sj. *Best.-Nr. 089*
Blumen am Wegrand
Minitexte ab 2. Sj. *Best.-Nr. 043*
Der Baum-Detektiv *Best.-Nr. 131*
Jahreszeiten ab 2. Sj. *Best.-Nr. 047*
Die Natur im Jahreskreis
ab 4. Sj. *Best.-Nr. 115*
Haustiere 2. Sj. *Best.-Nr. 048*
Zootiere ab 2. Sj. *Best.-Nr. 044*
Vögel ab 3. Sj. *Best.-Nr. 111*
Bauernhoftiere ab 2. Sj. *Best.-Nr. 057*
Indianer ab 2. Sj. *Best.-Nr. 045*
Hexen und Zauberer *Best.-Nr. 134*
Sonne, Mond und Sterne
ab 4. Sj. *Best.-Nr. 081*
Deutschland kennen lernen
ab 3. Sj. *Best.-Nr. 058*
Europa kennen lernen
ab 4. Sj. *Best.-Nr. 084*
Einmal um die Welt *Best.-Nr. 008*
Durch die Wüste *Best.-Nr. 100*
Die Alpen ab 5. Sj. *Best.-Nr. 147*
Das Wattenmeer *Best.-Nr. 148*
Bibelgeschichten AT *Best.-Nr. 180*
Bibelgeschichten NT *Best.-Nr. 074*
Weltreligionen ab 3. Sj. *Best.-Nr. 075*
Der Islam ab 5. Sj. *Best.-Nr. 113*
Das Judentum ab 5. Sj. *Best.-Nr. 076*
Vom Getreide zum Brot
ab 3. Sj. *Best.-Nr. 080*
Gesunde Ernährung *Best.-Nr. 135*
Obst und Gemüse *Best.-Nr. 116*
Pilze ab 3. Sj. *Best.-Nr. 109*
Der menschliche Körper
ab 3. Sj. *Best.-Nr. 079*
Ritter und Burgen *Best.-Nr. 125*
Leben in einer mittelalterlichen Stadt ab 3. Sj. *Best.-Nr. 132*
Steinzeitmenschen *Best.-Nr. 516*
Die Römer ab 4. Sj. *Best.-Nr. 520*
Die alten Griechen *Best.-Nr. 514*
Die alten Ägypter *Best.-Nr. 515*
Feuer und Wasser *Best.-Nr. 127*
Die französische Rev. *Best.-Nr. 178*
Räuber und Piraten *Best.-Nr. 133*
Erfindungen ab 4. Sj. *Best.-Nr. 519*
Entdecker ab 4. Sj. *Best.-Nr. 518*
Besuch in einer alten Schule
ab 3. Sj. *Best.-Nr. 129*
Adolf Hitler ab 7. Sj. *Best.-Nr. 120*
Alltag im 3. Reich *Best.-Nr. 077*
Persönlichkeiten der Geschichte
ab 5. Sj. *Best.-Nr. 119*

Theater & Sketche

Fabelhafte Sketche *Best.-Nr. 146*
5-Minuten-Sketche Grundschule *Best.-Nr. 140*
Witzige Schulbühne
Sketche 1. bis 10. Klasse *Best.-Nr. 112*
Neue witzige Schulsketche
alle Altersstufen *Best.-Nr. 705*
Klapsmühle - Sketche
alle Altersstufen *Best.-Nr. 704*
Die Hexe Furufara
Theaterstück GS, OS *Best.-Nr. 009*

Für Lehrer

Berichtszeugnisse
Textbausteine für die Grundschule *Best.-Nr. 201*

Unterrichts-Check-Up
für Lehrproben; Wie bereite ich erfolgreichen Unterricht vor? *Best.-Nr. 200*

Lust auf Schule
Mutmachbuch für Lehrer
20 Gebote, humorvoll aufbereitet. Ein tolles Geschenk für Kollegen! *Best.-Nr. 202*

Das friedliche Klassenzimmer
Das Buch für die Pflege der Seelenhygiene von Lehrern wie Schülern; für alle Schulstufen geeignet *Best.-Nr. 204*

Der erste Schultag
31 Tipps und Spielideen für die Einschulung *Best.-Nr. 006*

Einfache Wege zur Stille
Übungen und Rituale in der Schulklasse
Für alle Altersstufen *Best.-Nr. 105*

Besser zuhören, besser lernen
Übungen und Spiele für alle Altersstufen; Schule, Therapie, Nachhilfe *Best.-Nr. 010*

Konzentration / Entspannung
Heitere und besinnliche Spiele mit unserer Sprache; ab 5. Schuljahr *Best.-Nr. 003*

Gedächtnisübungen & Lernstrategien ab 5. Schuljahr
Wie lernt man am besten? Lern- und Merkstrategien *Best.-Nr. 005*

Bestell-Coupon

Ja, bitte senden Sie mir (uns) gegen Rechnung folgende Artikel:

Artikel-Nummern hier eintragen:

☐ Bitte schicken Sie mir Ihren kostenlosen aktuellen Katalog!

Bestell-Anschrift:

Stolz Verlag
Stuttgarter Verlagskontor SVK GmbH
Postfach 106016 70049 Stuttgart
Tel. (07 11) 66 72-12 16
Fax (07 11) 66 72-19 74
Internet-Shop: www.stolzverlag.de

Meine Anschrift:

Vorname, Name

Straße

PLZ/Ort

Datum/Unterschrift

Dies ist nur ein kleiner Teil unseres Programms. Wenn Sie Lernhilfen zu Deutsch, Mathematik, Englisch usw. suchen, so fordern Sie unseren kostenlosen Katalog an!